VIE PRIVÉE,

LIBERTINE ET SCANDALEUSE

DE

MARIE-ANTOINETTE D'AUTRICHE,

CI-DEVANT

REINE DES FRANÇAIS;

Depuis son arrivée en France, jusqu'à
sa détention au Temple.

ORNÉE DE GRAVURE.

NOUVELLE ÉDITION,

gmentée d'un troisième volume.

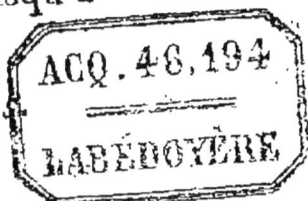

TOME TROISIÈME.

A PARIS,

Au Palais de la Révolution.

1793.

Seconde de la République.

VIE POLITIQUE

ET LIBERTINE

DE

MARIE-ANTOINETTE.

TOME III, IVME. PARTIE.

Nous avons promis à nos lec-
teurs de leur faire part des nouvelles trames de Marie-Antoinette;
nous acquittons notre parole, ne
voulant point laisser incomplet un

Tome III, IV partie.   A

ouvrage, fait pour démasquer la plus odieuse des femmes.

Comme nous avons dit dans notre troisième partie ; la garde bourgeoise fit la plus grande faute, en allant inviter le général Lafayette à reprendre le commandement ; il se fit beaucoup prier, et ne cèda aux instances de la garde nationale, qu'à la condition honteuse qu'elle lui obéiroit sans réplique. La troupe en fit le serment : c'est ce que desiroit Lafayette. La nuit se passa lentement à son gré ; il lui tardoit d'étendre sa vengeance sur les braves gens qui avoient sauvé la France d'une guerre civile, en s'opposant au départ du roi.

Le général se rendit, dès le matin, chez son compère l'imbécille Bailly, qui se revêtit de son écharpe; nos deux dictateurs se rendirent à la caserne de l'Oratoire; là, ils dégradèrent et chassèrent les grenadiers, qui, de poste aux Tuilleries, arrétèrent le massif Louis, qui nous échappoit sans leur courageuse résistance. Cet acte odieux et arbitraire fit murmurer les patriotes, et démasqua entièrement ce personnage, qui s'étoit, jusqu'à ce jour, enveloppé d'un voile civique; mais les patriotes n'étoient point en assez grand nombre pour opérer un heureux changement, en chassant, avec ignominie, un général despote, et qui s'étoit souillé par la plus odieuse des vengeances ; les parisiens étoient encore destinés à être les dupes de cet homme faux, qui a su les tromper si long-temps.

Lafayette, le plus ferme appui de la reine, mettoit tout en usage pour détruire sourdement la liberté, et amener la révolution au point où il la desiroit. Il étoit d'intelligence avec la cour, et Marie-Antoinette l'avoit fait admettre au conseil secret, à ce conseil que le peuple nomma, avec raison, le *conseil Autrichien*, et qui a préparé nos désavantages au commencement de la guerre, et la fameuse journée du dix août.

C'étoit là qu'on admettoit les Lameth, les Barnave et les autres constituans, que l'or de la liste civile avoit déshonorés, ces fameux réviseurs qui détruisirent l'ouvrage du patriotisme dans les beaux jours de l'assemblée constituante. La mégère germanique ne craignoit point de tout sacrifier pour parvenir à son but. Son époux prodiguoit ses trésors, et elle prodiguoit ses faveurs. Le jeune Barnave eut part à ses caresses, et le peu de soin que prenoit la femme de Louis pour cacher sa turpitude, dévoila aux yeux de tous ceux qui approchoient de la cour cette nouvelle intrigue.

L'insouciant monarque s'en apperçut lui-même, mais il n'osa pas faire éclater sa colère, dans la crainte de se priver d'un homme qui pouvoit lui rendre les plus signalés services, par ses trahisons au corps constituant. Un capitaine, de service au château, nous a dit avoir lui-même entendu le roi faire de violens reproches à sa femme sur ce qui s'étoit passé entre-elle et Barnave; cette colère n'arrêta point le jeune législateur dans sa course amoureuse, et chaque jour étoit marqué par un nouveau triomphe sur Marie-Antoinette, qui se plaisoit fort à combattre avec ce jeune Alcide.

La récompense du sacrifice que
la reine faisoit en faveur de Barnave , n'étoit point bornée aux
simples jouissances de l'amour ;
elle exigeoit encore de son vain-
queur de la servir aussi avanta-
geusement dans l'assemblée nationale que sur le sopha du boudoir. Il le promit , et il tint parole :
l'expérience nous l'a prouvé. Mais
voilà un assuré témoignage de son
zèle pour la fille de Marie-Thérèse ,
c'est un billet trouvé dans le secrétaire de la reine , le dix août ;
l'on y reconnut la main de Barnave.

« J'ai fait merveilles ; je compte
déjà un grand nombre de col-
légues pour l'affaire en question ;
elle passera à la majorité. Soyez

tranquille et reposez - vous sur
moi; j'ai promis, mais c'est à
vous d'acquitter mes promesses;
j'ai épuisé ce que vous m'avez
remis pour cet obje ; je manque
de fonds, ce n'est pas le moment
de lésiner; je ne puis vous en
dire davantage dans ce moment.
J'entre au comité de constitution.
Je vous verrai ce soir.

Croyez - moi votre plus zélé
defenseur ».

B......

Ce billet jette un grand jour sur
la conduite d'une partie des
membres de l'assemblée constituante, et fait voir combien
étoit dangereux le pouvoir qui

rivalisoit celui de la nation. Ce gouvernement mixte ne pouvoit subsister long-temps ; toutes les fois que deux autorités constituées sont aussi prononcées qu'étoient notre pouvoir législatif et exécutif, l'un empiète sur l'autre, et c'est toujours un germe de révolution qui croît et s'élève de plus en plus, et finit par faire une explosion funeste à l'un des deux partis ; l'évènement a justifié la justesse de nos observations. En vain nous représentoit-on l'Angleterre ; nous avons cru, et nous croyons encore, que ce germe de révolution est dans son sein, et que l'on verra un jour la chambre des communes éteindre la chambre

haute ; s'il est une nation qui soit
prête à secouer le joug de ses rois,
c'est sans contredit la nation An-
glaise ; sa constitution n'est pas
posée sur des bases solides et du-
rables ; ses rois, par une conduite réservée, ont retardé jusqu'à
ce moment le réveil du peuple,
en laissant, à celui-ci, toute la
latitude que la constitution lui
donne, et sur-tout en répandant
l'or sur les membres des deux
chambres.

Louis XVI avoit encore plus de
moyens de sapper sourdement
notre révolution qu'en a le roi
Georges ; mais l'impatience de la
reine, à se venger d'un peuple
qu'elle déteste, a brisé le sceptre

en France. La commotion est
forte et portera ses effets chez les
peuples nos voisins ; mais laissons
aux politiques les conjectures , et
passons aux faits.

Marie - Antoinette voyoit avec
plaisir le peuple trompé, par ceux
qu'il avoit cru jusque-là ses plus
ardens défenseurs. Cette manière
d'enchaîner le lion lui présageoit
une réussite complette ;   aussi ,
ne pouvant rien refuser à ceux
qu'elle appeloit ses libérateurs,
on la vit sortir des bras de l'un
pour voler dans ceux de l'autre.
Rien ne lui coûtoit pour marcher
à son but. Un endroit écarté du
château , et qui joignoit le corps-
de-logis, où le petit prince royal

venoit souvent se promener, et
qui donne sur les fossés de la
place Louis XV, étoit l'endroit
où la reine de France, sous le
prétexte de dérober à la vue des
patriotes les personnages impor-
tans qui s'y rendoient, se dé-
pouilloit de cet appareil imposant,
qui eût retenu les plus hardis,
et ne paroissoit qu'une simple
bourgeoise que l'amour enflâme.
Elle renouvela dans cet endroit
les scènes libidineuses qui s'étoient
passées dans les bosquets de Versailles. Là, elle satisfaisoit deux
passions bien chères pour son
cœur ; l'amour et la vengeance :
voici une petite anecdote dont je
garantis l'authenticité. M. D ✱✱✱

aimoit une des femmes-de-chambre
de madame Victoire; il avoit obtenu un rendez-vous dans un petit
pavillon , galamment décoré ,
près du jardin du dauphin; elle
avoit cru que ce pavillon n'étoit
point fréquenté, elle y introduisit
M. D***, qui devoit attendre là
le moment fortuné que l'amour
lui préparoit. Il avoit passé déjà
deux heures dans cet endroit, à
examiner les objets qui s'y trouvoient, lorsqu'il entendit, dans
le corridor qui y conduit, la voix
de la reine. Quelle fut sa surprise!
Il chercha un endroit pour se cacher , justement un petit cabinet
vître s'offrit à sa vue, il étoit
attenant un sopha richement orné;

il ouvrit la porte de ce cabinet et
s'y tapit sans oser remuer. Il n'y
fut pas plutôt enfermé qu'il entendit entrer dans le pavillon,
et qu'il reconnut la voix de Lafayette, qui accompagnoit la reine
dans ce réduit écarté. Il devina
bientôt ce qui alloit se passer. La
crainte le saisit, et malgré qu'il
avoit fermé sur lui un verrou, il
n'étoit point rassuré. La moindre
chose pouvoit le décéler et le
perdre ; un soupir, un éternûment,
tout seroit devenu funeste pour
lui. Qu'on juge la situation cruelle
où se trouva l'amant de la belle
Denise ! Enfin il prit son parti,
et couché à terre, l'oreille ap-
puyée sur le paneau de la porte ,

il ne perdit pas un seul mot de
la conversation des deux amans.
Il n'osa lever un coin du rideau
qui couvroit les vîtres de la porte,
pour regarder le spectacle qui
alloit avoir lieu ; les glaces qui
entouroient le sopha auroit pu tra-
hir sa curiosité : il se contenta
donc d'écouter.

Aussi - tôt que Lafayette fut
entré dans ce boudoir de Vénus,
il se débarassa de l'arme de Mars
pour ne se servir que du brandon
de l'amour ; il déposa son épée sur
un fauteuil, et ravit à Antoinette
un baiser, qu'elle feignoit de refuser. Ses mains s'égarèrent sur
le sein de sa maîtresse, et les
voiles légers qui le couvroient

disparurent bientôt. Des baisers
tumultueux et précipités ache-
vèrent d'enflamer l'épouse de
Capet. Ses pieds ne purent la
soutenir, et s'abandonnant toute
entière à la volupté qui s'emparoit
de ses sens, elle tomba, mi-pamée,
sur le sopha. Ce fut sur ce trône,
qu'elle occupoit beaucoup mieux
que l'autre, où la lascive princesse cherchoit à fixer le plaisir.
Si Lafayette a mérité quelquefois
le titre de héros, ce fut dans cette
belle journée ; il sembloit que
l'amour se plaisoit à épuiser ses
couronnes en sa faveur. Ce n'étoit
que nouvelles tentatives et nouveaux triomphes ; il faut aussi
dire, à la louange d'Antoinette,

que jamais courtisanne ne posséda
le talent des amours comme elle ;
elle joignoit à un tempérament ro-
buste toutes les mignardises et les
moyens enchanteurs que l'amour
peut suggérer ; il faut être son
époux pour ne pouvoir revivre
dans ses bras.

M. D*** écoutoit avec la plus
grande attention ces heureuses
monosyllabes qui peignent le
délire des sens ; ces mots, cou-
pés par le plaisir, faisoient circu-
ler dans ses veines cette liqueur
bienfaisante, qui transporte, par
son cours précipité, l'homme au
séjour de la divinité ; et si la
crainte n'eût tempéré ces momens de délices, il auroit, quoi-

que seul, prit part à autant de
félicité ; mais le souvenir du
danger qu'il couroit mettoit un
frein à la nature.

Après une grande demi - heure
de combats, de plaisirs, d'abandon, il succéda un calme qui
annonçoit que l'amour avoit
enivré nos amans. M. D*** ha-
sarda de porter un œil curieux sur
le coin du rideau ; une glace qui
lui faisoit face lui représenta tout
ce que la nature a de plus
agréable : la reine, jetée sur le
sopha, dans le plus grand désordre, paroissoit ivre de plaisir ;
ses yeux fermés peignoient son
abattement ; une jupe légère de
linon, levée avec grace, décou-

vroit à l'œil avide de M. D*** des
fesses d'ivoire, sur lesquelles le
plaisir avoit répandu ses roses.
Une gorge palpitante faisoit passer
dans l'ame ces desirs violens,
avant-coureurs des plus délicieux
plaisirs. Une main, négligemment
étendue, sembloit encore agiter
avec grace et délicatesse ces boules
d'Adam, que chaque homme reçoit
de la nature pour perpétuer son
espèce : le priape de Lafayette,
la tête inclinée, sembloit encore
admirer les doigts arrondis qui
l'avoisinoient ; il sembloit re-
procher au héros des boudoirs ce
long abattèment, et malgré que
sa tête rubiconde se chargeoit de
mousse, elle présentoit encore un

front audacieux, qui sembloit
assurer une nouvelle victoire.

Après ce doux voyage à
Cythère, la lubrique Antoinette
ne revint de son évanouissement
que pour provoquer son sacrifica-
teur à une nouvelle libation.
Mille propos gaillards renouèrent
la partie ; l'ardeur du coursier se
montra de nouveau ; la reine, à
son aspect mâle et imposant, se
trouva saisi d'admiration, et por-
tant ses deux mains sur sa tête
chenue, la baisa avec transport.
Elle exigea de son cavalier qu'il
rendît les mêmes honneurs à cette
grotte fortunée, qui l'avoit rendu
le plus heureux des hommes.

Lafayette se prosterna devant

la mère de la nature ; Antoinette
profita de son attitude pour passer
ses jambes sur son col , et , s'atta-
chant fortement à l'objet de ses
amours , lui fraya une route nouvelle. L'amant qui fut heureux
dans la grotte de Vénus passa
outre , et chercha des plaisirs nouveaux dans d'autres lieux. L'agi-
lité des reins de Marie-Antoinette,
sa vivacité , qui tenoient du prodige, firent pour cette fois culbuter
le héros , qui alla tomber rude-
ment sur la porte vîtrée du cabinet où étoit M. D*** , qui faillit
se trouver mal; il croyoit être
découvert et s'attendoit à périr,
mais des ris immodérés le rassu-
rèrent , et lui firent connoître que

ce n'étoit qu'un manque d'équi-
libre qui avoit fait rouler le cavalier dans cette conjoncture. La
reine s'étendit long - temps sur ce
contre-temps, et piqua au vif son
amant, qui crut son honneur in-
téressé à réparer cette maladresse.
Il s'y prit de la bonne manière,
et pour cette fois les coups précipités d'Antoinette ne le purent
désarçonner; il resta victorieux, et
força son amante à lui céder les
armes, et à le couronner de nouveau.

Deux heures se passèrent dans
cette orgie amoureuse; le carquois
s'épuisa, il fallut reprendre des
forces. Antoinette, après quelques
instans d'un repos léthargique,

occasionné par d'extrêmes plaisirs, rajusta sa mise et scella ses
adieux par une foule de baisers,
qui ne portoient dans l'ame de son
amant que d'impuissans desirs.
Ils sortirent de cet endroit, et
M. D*** commença à respirer.

Il ouvrit la porte de son cabinet, et regarda avec des yeux de
concupiscence le sopha qui venoit
de servir de trône à l'amour.
Mais il se hâta de quitter ces
lieux, dans la crainte d'y être
surpris, et il aima mieux manquer le rendez-vous, que de
risquer à se faire assommer. Il
sortit avec précipitation, et ne
fut revenu bien de ces craintes,
que lorsqu'il se vit hors de tous

dangers : c'est de lui-même que nous tenons ce fait.

Tandis que Marie - Antoinette s'occupoit tous les jours des moyens de faire à son mari de nouvelles infidélités , celui - ci , ayant abandonné ses anciens plai-sirs , la chasse et la forge , se li-vroit à la plus crapuleuse dé-bauche : chaque heure du jour étoit marquée par des excès, de son intempérance , en boisson ; il devenoit le jouet de toute la cour. Quelques mois se passèrent dans ces débauches d'une part et d'autre. Les évènemens se prépa-roient, et l'amoureux Lafayette cherchoit tous les moyens de con-tenter les desirs de son amante,

 en

en vengeance ainsi qu'en amour.

Les craintes du peuple sur l'évasion du roi, furent réalisées le 20 juin suivant. Cet homme faux et parjure tramoit depuis long-temps une fuite, qu'il savoit bien, plongeroit la France dans une horrible guerre civile ; les torrens de sang qui auroient coulé auroient à peine satisfait l'ame féroce de l'autrichienne, qui porta le desir de la vengeance aussi loin que ses talens en amour.

Lafayette, pour cette fois, fut dupe de cette rusée messaline, qui jugea à-propos de ne point lui révéler l'heure ni le jour de cette coupable évasion. Cependant elle ne voulut point que l'amant souf-

Tome III, IV partie. B

frit de ses projets politiques, et nous savons de bonne part que la veille de la fuite elle donna un secret rendez-vous à *Hercule* Lafayette, sans doute dans le petit boudoir du bord de l'eau. La volupté, qui pétilloit dans les yeux de la reine ce jour-là, fut remarquée de tous les courtisans; sur le soir, et après l'entretien en question, l'on apperçut un désordre qui attestoit ce qui s'étoit passé entre les deux amans.

Cependant, comme nous avons dit, Antoinette fut assez réservée pour ne point prévenir Lafayette sur ce qui devoit arriver dans la nuit; d'autres agens furent choisis par la reine pour lui faciliter cette retraite fugitive, et malgré tous les soins qu'on se donnât pour découvrir l'endroit par où la famille passa, l'on ne put savoir la vérité, et nous n'avons encore que des conjectures.

Les citoyens de Paris, paisiblement abandonnés à leur sommeil, étoient loin de penser que les torches de la guerre civile s'allumoient dans ces momens, consacrés au repos. Ce ne fut que vers le matin qu'on s'apperçut du crime de Louis le Traître : l'alarme fut générale; on dépêcha des couriers, qui allèrent à leur rencontre. Cette odieuse famille fut arrêtée en partie; il n'y eut que le dissimulé frère du roi qui,

ayant pris une route moins tor-
tueuse, parvint à passer dans le
parti des émigrés.

Tout le monde connoît ce ma-
nifeste fameux que nous laissa le
plus fourbe des hommes, et qui
auroit suffi pour faire tomber sa
tête sur un échafaud, sans la coupable indulgence d'une partie des
constituans. L'assemblée nationale
députa des commissaires pour pro-
téger le retour du roi, depuis
Varennes jusqu'à Paris. Barnave,
qui jouissoit encore de la considé-
ration et de l'estime de ses collègues, fut nommé; ce fut à cette
époque que le peuple plaça sa
trahison; cependant il est constant
qu'avant il avoit influencé l'as-

semblée nationale en faveur du
roi. Mais ses amours avec Marie-
Antoinette n'étoient encore connus que d'un petit nombre de dé-
putés, qui avoient eux-mêmes le
plus grand intérêt à cacher cette
monstrueuse intrigue, qui a fait
tant de maux à la France.

Lafayette fut chargé de la garde
particulière de nos prisonniers :
son air froid et réservé avec la
reine, pendant quelques jours,
découvrit aux yeux des observateurs qu'elle ne l'avoit point
prévenu de cette subite escapade,
qui le mettoit, lui, dans le plus
grand danger. Cependant ce front
sévère se dérida, et l'on s'apperçut aisément que la paix étoit

B 3

faite. Pour le roi , il ne parut pas
affligé de ce contre-temps , et il
but à son ordinaire. La constitution se termina sous ces fâcheux
augures , et le comité de révision ,
influencé par le libertin Barnave ,
ôta au peuple tous les droits , que
l'énergie des premiers temps de
l'assemblée constituante lui avoit
assurés.

La reine associa à ces orgies
amoureuses , avec Barnave , une
grande partie du comité de révision ; et le rusé Lafayette ,
d'accord avec tous ces messieurs ,
employoit tout ce qu'il avoit d'as-
tuce et d'intrigue pour faire triompher la cause du roi , tout en ju-
rant toute la constitution , rien que

la constitution. Enfin le moment
arriva où il fallut faire accepter
cette constitution ; on la présenta
au roi, qui ne demanda pas mieux
que de sortir de son esclavage : à
ce prix il la signa. Mais plutôt que
de rester dans les bornes que lui
prescrivoit cette constitution, il
voulut la renverser de fond en
comble. Aux instigations de sa
femme, il se créa un parti puissant, et son conseil secret s'occupoit, sans relâche, des moyens
d'entraver la marche des loix.
Des flots de papiers et journaux
incendiaires étoient répandus pour
égarer les départemens, et amener un nouvel ordre de choses. Sa
liste civile, comme tout le monde

sait, ne suffisoit pas pour les dé-
penses énormes qu'il faisoit, tant
pour alimenter les émigrés que
pour faire imprimer, distribuer les
pamphlets aristocratiques.

Lafayette, qui avoit promis à
la reine de servir sa vengeance,
attendoit l'occasion favorable; celle
du licenciement des grenadiers
de l'Oratoire n'étoit pas à ses
yeux une expiation assez forte,
des prétendues insultes que le roi
et la reine se plaignoient avoir
reçus. Mais ce coup d'une autorité arbitraire fit connoître au
général l'étendue de son pouvoir,
sur des hommes entraînés vers
lui, par son zèle hypocrite, pour
la révolution.

Les perfidies du roi commen-
çoient à être démasquées ; l'on
sentoit de quelle influence étoit
son pouvoir , et les citoyens , surveillans , provoquoient contre lui
une destitution . : l'on fit une pétition en forme légale , et l'on
s'assembla pour la signer au
Champ-de-Mars.

L'objet de cette pétition étoit
de faire-connoître aux départemens
ce que nous avions à craindre du
conseil des Tuilleries . La reine ,
furieuse de cette démarche , eut
recours à son bon ami Lafayette ,
pour châtier ceux qui osoient
trouver mal qu'on conspirât contre-
eux. Le général promit de la
venger et de faire couler le sang

du peuple dans ces mêmes lieux qui avoient vu sa joie et son allégresse. Il fut trouver le compère Bailly, qui, à sa requisition, fit déployer le fatal drapeau rouge, et fit marcher une armée contre des hommes paisiblement rassemblés. Après une proclamation, faite à voix basse, des satellites de ces monstres tirèrent sur le peuple. Les femmes, les enfans, fuyans, furent atteints sans pitié, et le sang arrosa cette place, qui, quelques jours auparavant, avoit vu un roi perfide jurer au peuple un inviolable attachement.

Lafayette, peu satisfait du sang qu'il venoit de répandre, poursuivit ceux qui avoient échappé

Les femmes, les enfans fuyans
furent atteints sans Pitie..........
Page.. 34..

à ses coups , et particulièrement
ceux attachés à la société des
jacobins , dans le nombre duquel
se trouvèrent plusieurs électeurs
pour l'assemblée législative. Le
lendemain de cette exécrable journée , l'on vit la fille de Marie-
Thérèse , le front rayonnant de
joie , donner à Lafayette les
marques les plus flatteuses de sa-
tisfaction. Les patriotes voyoient
se passer toutes ces scènes dé-
chirantes sans pouvoir y mettre de
frein ; ils craignoient pour la
liberté, qu'ils voyoient sapper
jusque dans ses fondemens.

Autant l'assemblée constituante
avoit imprimé de respect dans les
beaux jours de son triomphe ,

autant elle s'étoit avilie aux yeux
du peuple, à qui elle avoit en-
levé ses droits par une coupable
révision. Les membres qui étoient
restés fidèles à leur serment, ne pouvoient que faire des vœux pour que
les choses changeassent. Le pouvoir exécutif se renforçoit de jour
en jour, et l'on attendoit de sa
part une explosion terrible, qui
devoit précipiter la ruine de la
liberté, et n'en auroit conservé
que le vain nom.

Malgré toutes les cabales de
Lafayette et de la reine, malgré
le massacre du Champ-de-Mars,
la seconde législature fut nommée,
et le peuple eût encore quelqu'espérance : l'on croyoit que cette
division

division honteuse de côté droit
et côté gauche cesseroit avec les
fonctions de nos premiers légis-
lateurs ; mais combien le peuple
fut trompé ! La cabale s'agitoit en
tout sens, et les appas de Marie-
Antoinette, offerts au premier
venu, décidoient la majorité pour
cette cour vile et corrompue. Les
Barnave, les *Meuniers*, les
André, les *Tolendal*, eurent
des successeurs dans le sénat français. Des hommes, du fond de
leur département vinrent se cor-
rompre aux tuilleries, et respirer
dans les bras d'Antoinette la haine
pour la liberté, et sur-tout pour
l'égalité.

Des ministres pervers achevèren

de tromper la nation ; les *Deles-sart*, les *Montmorin*, les *Joly*, s'entendoient avec nos ennemis, et nous préparoient le sort le plus affreux. Leurs trahisons nous for-geoient des chaînes inévitables. C'étoit pourtant dans les bras de l'épouse du roi qu'ils tramoient notre ruine : l'amour n'éclairoit point de tels plaisirs ; les torches de la vengeance étoient substituées aux brandons du fils de Vénus. Voici un billet fort important et fort curieux à connoître ; il est de la reine , et adressé à Montmorin le ministre : il a été trouvé dans les papiers du château.

« Mon cher Montmorin , vous avez hier commis une grande indiscrétion , dans un entretien que vous eûtes avec le papa (1); vous avançâtes qu'il falloit se méfier de Leblond (2), qui paroissoit être retourné pour la révolte (3) : je vis dans les yeux du papa qu'il partageoit vos craintes ; mais j'ai prévu à tout. J'ai écarté les nuages que vous aviez jetés sur la conduite de notre ami , et je crois devoir vous avertir qu'il nous est entièrement dévoué , j'en ai des preuves sûres. Ce qui vous l'a fait soupçonner n'est qu'une ruse , convenue entre nous , pour

_____

(1) Le roi.

(2) Lafayette.

(3) La révolution.

tromper plus facilement la *ca-
naille.* Il est obligé de paroître
quelquefois favoriser ce que lui-
même détruira avant peu ; je vous
en donne l'assurance. Venez au
plus tôt ; je vous dirai de bouche
des choses qui dissiperont entièrement vos soupçons sur la
fidélité de notre bon ami. Venez,
le bonheur vous attend ; je ne
vous en dis pas davantage : vous
m'entendez ».

M.... A....

Montmorin lui fit cette réponse, qui fut trouvée avec la
copie de la lettre précédente.

MADAME,

« Pardonnez au zèle ardent que
j'ai de vous servir, la méprise que

j'ai faite au sujet de Leblond. Je
vous suis obligé de m'avoir éclairé
sur cet objet; je me rendrai au
plus tôt chez lui pour lui en faire
mes excuses, et pour nous con-
certer sur le plan que vous avez
soumis à l'intégrité de vos bons
amis. Je me rendrai, sitôt que
mes occupations me le permet-
tront, à la douce invitation que
vous me faites. J'y porterai un
cœur reconnoissant, et tout plein
d'un amour qui ne finira qu'avec
ma vie.... Quelle faveur pour
moi, et puis-je jamais la mériter !.\
Au moment où je vous écris, des
importuns, qui se disent commissaires de l'assemblée du ma-
nège , viennent recueillir des

notes sur divers sujets ; combien
va me paroître long le temps qui
va s'écouler entre votre gracieuse
invitation , et notre entrevue !

Je suis, avec un respect ina-
liénable, le plus soumis de vos
serviteurs ,

M....

Montmorin, sans doute , se
hâta d'aller jouir des faveurs qui
lui étoient promises , car on le
vit assidu au château ; et son
intimité avec Lafayette donna
beaucoup à soupçonner sûr ces
deux hommes. L'assemblée nationale , voyant que le général se
faisoit un parti puissant, détruisit ses espérances, en décrétant
que chaque commandant de di-

vision seroit promu à son tour au grade de commandant - général. Lafayette dissimula son dépit et changea ses batteries; sa liaison étroite avec les ministres, les coupables lenteurs de ceux-ci, le désordre qui régnoit dans leurs bureaux, tout cela irrita le peuple. Les soupçons du bourgeois s'étendirent jusque dans l'assemblée nationale, qui décréta, malgré l'opposition, que les ministres avoient perdu la confiance de la nation.

Quoique le roi, par la constitution, avoit le droit de nommer ses agens, il crut à propos de ne point s'obstiner à les laisser au ministère; ils furent congédiés,

et pour mieux cacher ses projets,
il nomma des ministres jacobins,
et connus pour d'excellens patriotes.
Cette ruse lui réussit ; le peuple
crut vraiment qu'il s'amendoit, et
étoit prêt à oublier toutes ses perfidies. Il croyoit qu'entouré de
bons ministres il ne feroit que le
bien. Effectivement il lui fut con-
seillé ; mais Antoinette ne pouvoit se résoudre à voir le peuple
triompher ; elle dissimula encore
quelque temps, et son mari profita de l'influence qu'avoient les
ministres sur le peuple pour faire
déclarer la guerre à François I,
roi d'Hongrie. L'assemblée nationale la décréta solemnellement ;
c'étoit tout ce que la cour desiroit ;

elle croyoit, par ce moyen, hâter
la contre-révolution, et faire servir les troupes du peuple à pro-
téger la cause du roi. L'on com-
posa les états-majors des plus mauvais sujets qu'on put trouver ;
Lafayette, qui obtint une division à commander, fit avoir les
premiers emplois aux gens de sa
séquelle : les bons citoyens étoient
écartés.

Le roi, qui se trouvoit forcé de
suivre les conseils de ses ministres, prit le parti de les ren-
voyer. Le peuple à peine put
contenir sa colère, et nous le
vîmes prêt de se venger de l'auteur de tous ses maux. Le traître
Louis avoit calculé des défaites,

et la reine savouroit déjà le plaisir barbare de voir la France inondée du sang de ses habitans. Le scélérat Lafayette servoit bien ses projets ; il avoit gangréné tous ceux qui l'approchoient, et les villes qui avoisinoient son armée étoient infestées d'aristocrates. Ce coupable général , plutôt que de marcher à une victoire assurée , s'il eût voulu se battre , s'occupoit de travailler à égarer l'opinion de son armée , et de la disposer à tourner ses armes contre Paris. C'étoit-là le grand coup que les royalistes attendoient avec impatience ; mais il falloit l'exciter : Lafayette le prépara.

Le roi , se couvrant toujours

de l'égide de la constitution, demanda la formation d'une garde aux termes des décrets. Ce corps militaire lui fut accordé : il nomma Brissac commandant de cette garde, qui fut composée d'émigrés, de royalistes, d'anciens gardes-du-corps, de quelques abbés mêmes. Ce mélange monstrueux forma une compagnie qui ne fut vue du peuple que de mauvais œil. Les propos, plus qu'indiscrets, d'une partie de ces soldats, leur ton de mépris, d'arrogance envers le citoyen, présageoient une dissolution prochaine de ce corps aristocratique. Les bons citoyens portèrent leurs craintes à l'assemblée nationale, qui détruisit,

malgré la vive opposition des royalistes , cette troupe , qui rendit
aussitôt les armes à la garde nationale. Le roi ne put s'opposer
à un vœu aussi prononcé du
peuple , sans risquer beaucoup
pour lui-même ; mais il récom-
pensa ceux qui lui avoient promis obéissance aveugle à ses
ordres , quels qu'ils fussent , par
une continuation de paye , et par
un brevet d'honneur , qui attestoit
leur lâcheté.

Marie - Antoinette n'avoit pas
vu , avec indifférence , quelques
hommes de cette troupe , et le
jeune Cazotte , entr'autres , fut
remarqué et porté sur les tablettes
des observateurs.

Le

Le colonel Brissac dut sa perte
au tendre attachement de la reine.
Lafayette étoit parti : il avoit
servi l'amour et la politique,
Brissac ne put remplir ces deux
tâches, mais au moins il succéda,
pour la politique, à l'illustre
Blondinet. Mais moins adroit que
lui, il laissa voir au peuple la
haine qu'il lui avoit jurée. Tout
fier d'être choisi par Antoinette
pour son conseil , et d'être associé
à ses fureurs et à ses crimes, il crut
que c'étoit au peuple à trembler,
et déjà il manifestoit tout haut
ses projets. La persécution que
les patriotes essuyoient dans le
corps dont il étoit le chef, leur
prompt renvoi faisoient assez con-

*Tome III, IV*e. *Partie.* D

noître les intentions perverses de ce
chef de brigands. Toujours enfermé avec la reine, il méditoit les
plus horribles projets ; car, ne
pouvant donner à l'amour quelques
instans , ils furent tous employés
à la vengeance. Brissac sortoit
toujours de ses entretiens l'œil
enflamé , et menaçant ouvertement
le peuple de Paris. Ses satellites
ne dissimuloient plus , et par-tout
où ils se trouvoient ils laissoient
appercevoir les projets de la cour.

Aucun soldat n'entroit dans
ce corps sans avoir prêté , entre
les mains du furieux Brissac ,
le serment le plus honteux
pour l'humanité, et avoir promis de laver , dans le sang du

peuple, les injures qu'il supposoit que le roi et la reine avoient reçus. Des récompenses étoient le prix de l'incivisme; mais tous ces préparatifs furent détruits par la dissolution de la garde du roi, qui, oubliant qu'elle avoit promis de ne point changer de sentiment, et de braver tous les dangers, fut assez lâche pour se rendre avec crainte, en criant : *Vive la nation;* expression qui peignoit la frayeur dont l'âme de chaque soldat étoit animée. Pour son chef, il fut décrété d'accusation et envoyé aux prisons d'Orléans, pour être jugé par la haute-cour nationale.

Mais, qui croira que ce séjour,

fait pour intimider le crime, fut
changé en lieu de plaisance; les
plaisirs prirent la place des an
goisses, que tout criminel doit
ressentir dans le cachot qui recèle
sa coupable existence. Les bals,
les festins furent donnés tour-à-
tour dans cette prison, et les
criminels jouissoient, impuné-
ment, des plaisirs de l'homme
irréprochable. Ils faisoient mieux,
ils conspiroient du fond de leur
retraite, et leurs juges, gagnés
par les libéralités de la cour, ou-
blièrent leurs devoirs, et favo-
risèrent les grands coupables. La
reine, par ses intrigues, conduisoit
tout cela, et avoit préparé une
contre-révolution, qu'elle croyoit

bien certaine ; elle n'avoit point
pensé que son mari feroit échouer
ses projets par sa lâcheté et son
ineptie ; elle crut que, l'amenant
par degré au moment décisif, il
ne pourroit regarder en arrière,
et qu'il se verroit forcé de se
déclarer. La journée du vingt juin
1792, étoit préparée pour cet effet,
et nous verrons comment Louis
en profita.

Antoinette, pour qui la sur-
veillance des patriotes de l'assemblée législative étoit un empê-
chement à ses projets, voulut ba-
lancer ce pouvoir par de très-
fortes intelligences dans Paris.
Un grand nombre d'officiers, dans
la garde nationale, étoit de son

parti ; des soldats bourgeois sui-
virent les mêmes drapeaux, et si
Louis se fût déclaré le dix août,
la guerre civile étoit indubita-
blement sûre. Le peuple auroit
toujours triomphé des perfides,
mais le sang auroit coulé en grande
abondance. Nonobstant ce fort
appui que Marie - Antoinette se
ménageoit, elle avoit encore cor-
rompu les corps administratifs et
plusieurs officiers de paix. Un de
ces tyrans subalternes, aux gages
de la femme Capet, voulut éprouver le degré de force de son parti ;
l'imbécille , l'intriguant Lariviere (1) fit, pour son malheur,

_____

(1) Homme de loi, jadis tarré par
ses friponneries; il prit le masque du

cette épreuve. Au mépris de toutes les loix et de l'inviolabilité des représentans du peuple, il manda à son tribunal trois légis-lateurs. Après leur avoir fait subir un ignominieux interrogatoire, il ne parla rien moins que de les traduire devant les tribunaux, pour avoir osé dénoncer l'exis-

---

patriotisme dans la révolution. Sa hardiesse, son assiduité le firent parvenir à la commune; nommé administrateur dans les subsistances, il vola, comme beaucoup d'autres; on lui demanda des comptes, il n'en rendit point, et fut élu juge de paix de la section, ci-devant de Henri IV. Il fut massacré un des premiers, à Versailles, lorsqu'on amenoit les prisonniers d'Orléans à Paris.

tence du comité Autrichien , dont
lui , Lariviere , étoit membre.
L'assemblée législative ne put en-
tendre le récit de cet acte arbitraire , sans punir son coupable
auteur : Lariviere fut envoyé aux
prisons d'Orléans.

La reine , toujours contrariée
dans ses plans , ne perdit point
courage : une défaite lui faisoit
naître un nouveau projet. Son
mari, qui avoit trompé le peuple
pendant trois ans , crut qu'il
n'étoit plus besoin de se contraindre ; il laissa éclater ses véritables sentimens. L'assemblée
nationale ne pouvoit arrêter que
foiblement l'exécution de ces
projets ; la constitution , dont

elle ne pouvoit s'écarter, avoit
donné au roi des pouvoirs qui
faisoient trembler les patriotes,
et qui rassuroient nos tyrans. Ce
fut dans cette lutte perpétuelle
que le peuple de Paris passa deux
années, sans savoir à qui reste-
roit la victoire. Tel qu'après un
violent orage l'on voit la terre
produire des insectes venimeux;
des agitateurs, des provocateurs
au meurtre parurent, et se dis-
putèrent la gloire barbare de faire
déchirer le Français par le Français même. Le chef de ces monstres
fut un embrion, que la nature
a formé de ces immondices;
Marat écrivit ses feuilles en traits
de sang, et égara le peuple en

se disant son ami. Il perpétua
l'anarchie et le désordre ; il égara
des hommes qu'une ignorance pro-
fonde livroit à ses criminelles observations ; il devint le dieu des
antropophages, et il se flatta, lui
seul, de mettre en combustion la
France entière, et de faire triompher nos ennemis par nos propres
dissensions. Malgré ses cris for-
cenés, malgré ses ordres de mas-
sacres, il ne put faire tomber, sous
le couteau, aiguisé par lui, que
trois à quatre mille victimes. . . .
O Antoinette ! combien la journée
du deux septembre auroit de
charmes pour toi, si Lamballe
n'eût été enveloppée dans cette
proscription ! . . . . Il n'auroit man-

qué à ton bonheur que de presser
sur ton sein le héros de cette bou-
cherie , ce *Marat ;* ses lèvres
écumantes de sang , auroient été
baisées avec transport par les
tiennes , et le fiel qu'elles dis-
tillent auroit pénétré son ame.....
Puisses-tu apprendre, du fond
de ta prison , que cet homme ,
vil rebut du genre humain , est
connu enfin , ainsi que ses dignes
collègues en assassinats...... Il
n'y a que les ennemis de notre
bonheur et de l'humanité qui
partagent ses sanguinaires opi-
nions ; mais la postérité le jugera ,
et proscrira son nom aux races
futures. *Marat* n'ose supporter la
lumière ; son existence ne se plaît

que dans l'ombre des caveaux.
Cependant, cet être méprisable
joue un grand rôle chez un peuple,
qui auroit dû, depuis trois ans,
le vouer à l'exécration et au
mépris.

La postérité croira avec peine,
qu'un peuple qui a brisé, avec
courage, le sceptre des tyrans,
ait porté le joug d'un méprisable
individu, qui ne l'a jamais en-
tretenu que de sang et de fureurs ;
il est parvenu à faire passer dans
l'ame de quelques hommes faibles,
les furieux transports dont la
sienne est agitée. Ses prosélites,
ses sectateurs s'écrient au pro-
phête, et achèvent d'entraîner
ceux que ses discours ne font
qu'ébranler.

qu'ébranler. Il a toujours parlé
juste, disent-ils ; il nous a dé-
masqué Necker et Lafayette.....
Ces deux victoires ont établi le
culte de *Marat*, chez ceux qui
ne veulent pas réfléchir que cet
homme, s'étant fait un plan de ne
jamais dire de bien de personne,
il falloit nécessairement qu'il se
rencontrât juste quelquefois.

Ceux que la reine n'admettoit
point aux faveurs secrettes, rece-
voient d'autres témoignages de sa
bienveillance : fiers de cette préférence, l'on voyoit les indignes
soldats de la servitude insulter les
patriotes chaque jour.

Louis ne pouvoit croire à la
défaite de son parti ; il ne dissi-

Tome III, IV.ᵉ partie. E

muloit plus , et ses trahisons
étoient si évidentes , que presque
tout l'Empire appela la sévérité
des loix pour punir ce roi parjure.
Nos pertes , dans l'armée, occa-
sionnées par ses indignes ma-
nœuvres , produisirent un effet
tout contraire à celui qu'on s'en
promettoit. Elles reveillèrent dans
toutes les ames ce sentiment pro-
fond de haine pour les rois. Plus
l'orage sembloit nous menacer ,
plus l'effervescence agitoit les
têtes et préparoit la chûte de ce
monarque coupable , qui , depuis
quatre années , calculoit froide-
ment , dans son cabinet , les
moyens les plus sûrs d'égorger le
peuple , qui l'avoit jusque - là

respecté. La postérité ne parlera
de cet homme que pour en dé-
tester la mémoire et le présenter
à nos neveux comme le modèle de
la dissimulation et de la perfidie.
Sa femme , issue de cette malheureuse maison, qui depuis deux
siècles ensanglante l'Europe , pour
servir ses projets ambitieux ; cette
femme lascive , qui joignit à la
haine du nom français les passions les plus extrêmes; cette
courtisanne , qui , sans aucune
retenue pour la gloire de son sexe,
fut incestueuse et dévergondée ,
qui porta sur le trône les mœurs
les plus dissolues , ne trouve
point, dans l'histoire, de modèle,

et ne pourra être citée et person-
nifiée que par le crime même.

Cependant elle ne fut pas toujours tranquille, et les remord
vinrent quelquefois l'assiéger
mais elle les brisa tous : elle s'en
fit même une gloire. Elle raconta
à une de ses confidentes un songe
fait pour effrayer toute autre
ame que la sienne. Je me trouvai
lui-dit-elle, transportée par ma
mère dans un antre affreux ; une
lampe sépulchrale, attachée à la
voûte, ne jetoit que peu de
clarté et rendoit cet endroit
effrayant. J'apperçus dans u-
des coins de cet horrible séjour
une table, sur laquelle étoient
des poignards, une coupe et une

torche renversée, dont la pâle
lueur étoit sur le point de s'é-
teindre. Je vous avoûrai, dit-elle,
que je ne fus pas maîtresse de calmer mon effroi ; je m'évanouis.
Lorsque je fus revenue j'apperçus aux côtés de ma mère une
grande femme, dont le costume
antique me fit soupçonner qui elle
étoit. Elle s'avança vers moi , et
cherchant à me rassurer elle me
dit, ne craignez rien Antoinette,
je ne veux point vous faire de
mal , mais vous donner des conseils qui vous seront utiles. J'ai
occupé le trône sur lequel vous
êtes assise ; je suis cette fameuse
Frédégonde, dont les faits rem-
plissent l'histoire. Dans la situa-

E 3

tion où vous êtes vous avez besoin
de conseils, et je viens vous en
donner.

C'est à tort que le vulgaire
regarde nos règnes comme ceux
de l'gnorance; la politique la plus
déliée étoit connue et suivie. Exa-
minez ma conduite, voyez par
quel art je suis parvenue au
trône, dont mon obscure naissance
m'éloignoit. Il falloit vaincre la
répugnance de Chilpéric sur ma
basse origine, et j'en vins à bout
par des moyens que la postérité
à jugés être des crimes; mais qui
ne sont, dans le vrai, que des
traits hardis de politique. La sœur
de Brunehault étoit la femme de
mon amant; lorsque je fus assurée

de la tendresse de Chilpéric pour
moi, je ne balançai plus à im-
moler, à mon intérêt, celle qui
me disputoit un trône où j'aspirois
depuis long-temps : elle mourut
par mon ordre. Cette action fit
éclater, il est vrai, une guerre
désastreuse pour Chilpéric; les
parens de la reine défunte péné-
trèrent, avec une forte armée,
dans le pays du roi, qui fut
obligé de fuir avec moi dans la
ville de Tournai. C'est dans cet
instant de ma vie où vous pouvez
prendre un grand exemple de
courage ; je suivis mon époux,
et je fus son plus ferme appui dans
le camp. Mais la ville où nous
étions étant assiégée, et nos forces

ne pouvant résister à celles de
Sigebert, je résolus de sauver mon
époux par un moyen violent ; je
remarquai dans l'armée deux
jeunes gens aimables, et assez
enthousiastes de mes appas pour
obéir à mes ordres ; je les rendis
heureux, mais à une condition,
qu'ils me promirent de remplir.
Après leur avoir prodigué les
carresses les plus tendres, j'armai
leurs mains d'un poignard, et
leur apprit l'usage qu'ils en devoient faire ; ils m'obéirent, et
Sigebert fut assassiné. Chilpéric
profita de cette circonstance et
battit les troupes de son frère.

J'immolai de même à mon intérêt l'un des fils de Chilpéric,

qui entravoit mes projets. Chilpéric lui-même ayant découvert
mes amours avec Landri , l'un de
ses courtisans , reçut la mort par
mon ordre, dans une forêt, au
retour d'une chasse.

Ce n'étoit point assez , je n'avois
pu me venger de Brunehault par le
fer et le poison ; cette implacable
rivale envoya des troupes contre
moi : l'on me vit , tenant mon
fils dans mes bras , mener les
soldats à la victoire , et je donnai
aux peuples l'exemple qu'une
femme peut combattre et vaincre :
voici les principaux traits de ma
vie. Je vous ai assez convaincue,
que pour garder dans ses mains le
suprême pouvoir il ne faut pas

s'en tenir aux petits moyens.
La nécessité, les circonstances,
excusent tout ; d'ailleurs, si nous
faisons peser un peu le sceptre sur
le peuple, nous ne faisons que le
punir de nous avoir écartée d'un
trône, que nous aurions aussi
bien occupé que nos imbéciles
maris. Poursuis, Antoinette, ne
t'arrête point au milieu de ta
carrière, c'est par un courage
sans bornes que l'on vient à bout
des plus fortes entreprises. Après
ces mots je sentis la terre s'ébranler sous moi et un tourbillon
déroba à ma vue Frédegonde,
mais elle fut bientôt remplacée
par une jeune personne, vêtue de
blanc. Elle m'adressa la parole ;

Après ces mots je sentis la terre
s'ébranler sous moi, et tourbillon déroba
à ma vue frédegonde . . . . P. 70.

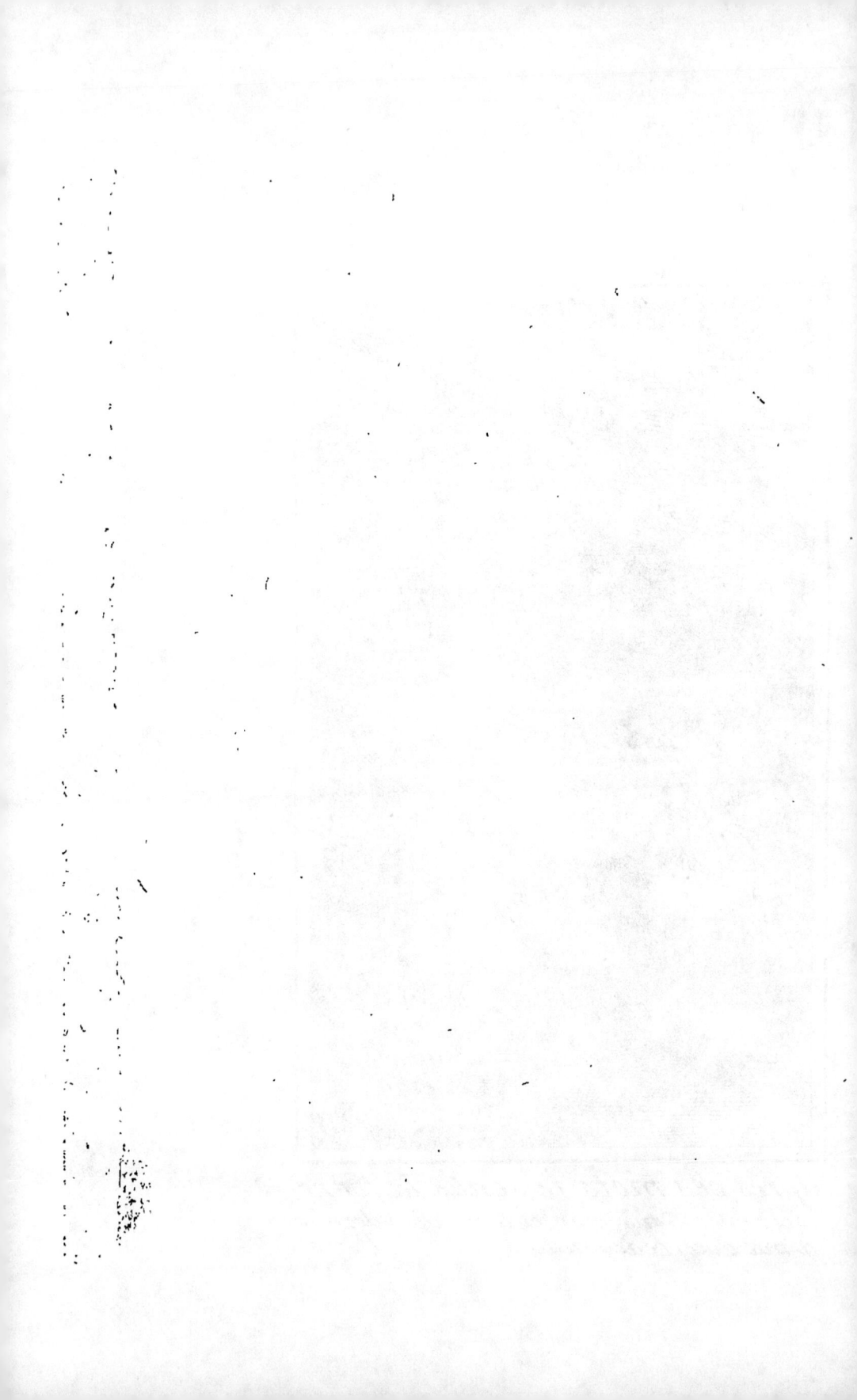

Antoinette, vous voyez, me dit
elle, Judith de Bavière, l'épouse
de Louis le premier, de ce débonnaire, qui, n'ayant pas suivi
en tout mes avis, se vit outragé
par ses enfans, et molester par
les prêtres. Je me dédommageai
de sa sombre humeur par mes
amours avec Bernard, le comte
de Barcelonne. Les grands furent
jaloux de cette préférence, et
bravant leurs clameurs, je fis
nommer mon amant premier ministre. Je fis plus, je fis partager
mon fils avec les deux premiers
enfans de mon mari, et mes soins,
mes sollicitudes firent tomber sur
lui les dépouilles des autres.
J'avois captivé mon mari; il ne

voyoit que moi, n'agissoit que par moi, et j'avois besoin de cette confiance aveugle pour réussir dans mes projets.

Voulez-vous un exemple de dissimulation ? Voyez la conduite que j'ai tenue, lorsque le fils de mon époux contraignit son père à renoncer au trône. L'on me fit promettre d'engager ce monarque à céder, de bonne volonté, à ses enfans l'Empire. Je fis les sermens les plus saints d'employer tout mon crédit ; mais qu'ils me connoissoient peu ceux-là qui se fièrent à moi ! Je ne puis, il est vrai, réussir, tel que je me l'étois proposée. Louis le Débonnaire fut déposé, et moi je fus, par le

même

même ordre, enfermée dans un couvent. C'est-là que je portai une ame ferme et résolue à tout ; je n'abandonnai point mes projets, je les méditois au contraire dans cette retraite. Le destin me fut favorable ; mon époux fut remis sur le trône, et sa tendresse pour moi m'y rappela bientôt. Le peuple osa porter quelques plaintes ; mais elles furent étouffées en naissant, et je contraignis, par ma courageuse fermeté, Lothaire, le perfide Lothaire, ce fils qui, sans respect, avoit détrôné son père, à reconnoître à la succession mon fils ; il le fit, et par mes infatigables travaux je lui traçai la route d'un trône, qu'il ne pou-

voit espérer de posséder. Les enfans de mon mari s'armèrent de
nouveau ; je fis armer à mon tour
mon vieil époux contre eux , et
les aigrissant l'un contre l'autre,
j'eus le plaisir de les voir se
déchirer. Le roi ne pouvant
supporter cette longue et cruelle
fatigue y mourut, mais ce n'est
pas ma faute , et j'avois rempli
mon projet. Après la mort de mon
époux ses enfans ne posèrent point
les armes , et je vis cette guerre
se terminer tel que je le voulois.
Mon fils , le fils de mon bien
aimé Bernard , obtint un partage
avantageux. La mort vint m'en-
lever dans ces momens heureux,
et je ne pus l'aider de mes conseils.

Vous voyez, Antoinette, qu'il ne faut point renoncer aux projets qu'on médite; votre situation est embarassante, mais il faut la passer habillement; du caractère, sur-tout, et vous vous ferez craindre et respecter. Judith disparut, et je vis paroître Isabeau de Bavière, Éléonore, femme de Charles VII, et enfin la célèbre Catherine de Médicis; Isabeau me porta la parole : nous savons le malheur qui t'accable, Antoinette; tu as tout fait pour suivre nos traces, mais ton imbécile époux a détruit tout ce qu'avoit imaginé ton génie et ton adresse; cependant reprends courage, des femmes telles que nous ne peuvent en manquer. L'on

te reproche d'être un peu libertine, le peuple murmure, laisse
s'exhaler ces plaintes, elles ne
doivent point te toucher. As-tu
quelques comptes à rendre à ce
peuple, il est fait pour obéir ?

Tout est changé, di Catherine
de Médicis. Je sais, Antoinette,
que tu n'as plus les mêmes moyens,
mais q e ton ame ne s'abatte point
et tu triompheras un jour. Il ne
faut rien épargner ; vois ces
poignards, vois cette coupe et ces
instrumens de vengeance, ils te
seront utiles ; que le sang à long
flots s' répande ; ce n'est que par
ce moyen que tu reprendras ton
autorité. De la dissimulation, de
trahisons, tu en as besoin plu

que jamais......... A ces mots
des tourbillons de flâme et de
fumées s'élevèrent, dit Antoinette,
dans cet endroit affreux ; je me
sentis envelopper d'un nuage de
bitume et de souffre ; je chancelai,
et crus tomber d'une hauteur
prodigieuse. Le bouleversement
qui se fit en moi fut si violent que
je m'éveillai en sursaut ; je me
trouvai dans un état alarmant,
par la peine que me causa un
rêve aussi fatigant. Il me semble
encore voir ces spectres hideux ;
loin de m'enhardir je sens que
leurs conseils ont détruit mon
courage et troublé mon ame.
Antoinette s'entretint long-temps
de ce songe, qui l'affectoit beau-

coup. C'étoit, sans doute, le
commencement de la vengeance
céleste, car qui ne sait que
cette femme apporta dans la
France tous les maux que les
poëtes ont prétendus être renfermés dans la boîte de Pandore?

Le sang versé depuis 1789,
jusqu'au mois de septembre 1792,
le fut par elle, par ses intrigues
et par sa passion extrême de détruire le Français par le Français
même. La justice et la raison ont
triomphé, et cette malheureuse
femme, auteur de tous nos maux,
est sur le point de payer ses forfaits. Déjà les remords devroient
l'assiéger dans le fond de sa tour :
son orgueil les dissimule encore,

et son front audacieux paroît
serein ; mais n'anticipons point sur
les temps , et revenons aux faits.

Après la dissolution de la garde
du roi, Marie - Antoinette s'oc-
cupa de parer à ce coup désas-
treux pour ses projets. Le conseil
se prêta à ses vues , et le général
Lafayette, toujours en correspondance avec la femme de Louis,
secondoit ses efforts en corrom-
pant l'armée et les corps administratifs de nos places frontières.
L'on ne trouva pas d'autres
moyens pour opérer la contre-
révolution , que de porter le
peuple à quelques excès, afin
d'avoir droit d'injurier ce même
peuple, et le punir de s'op-

poser à la tyrannie. L'État
étoit troublé par des prêtres factieux, et menacé par les puis-
sances étrangères ; l'assemblée.
nationale fit deux décrets qui devoient porter remède à ces grands
maux, la déportation des prêtres
turbulens et mal intentionnés, et
un camp sous Paris, pour le
mettre à l'abri d'invasion. Le
roi refusa de sanctionner ces deux
décrets salutaires, et renvoya les
ministres qui avoient mérité l'estime du peuple.

Cés coups de vigueur et de
despotisme déchirèrent le bandeau
de tous ceux qui avoient eu quelque confiance au roi. Le peuple.
s'agita, menaça même ; c'étoit ce.

Il se Coffa du Bonet Rouge
et Buti a la Santé de la Nation
P. 81.

que la cour desiroit. Enfin la
bombe éclata, et le 20 juin 1792,
une force imposante des faubourgs
de Paris se porta toute armée à
l'assemblée législative, et de suite
aux Tuileries. Le roi, pour aigrir
davantage le peuple, fit fermer
les portes et grilles de son château;
elles furent enfoncées, et l'on
parvint jusques dans ses appartemens, sans commettre aucun
désordre. La peur le prit; cependant il reçut la députation avec
une certaine gaîté; il se coëffa du
bonnet rouge, et but à la santé
de la nation. Le peuple se retira,
croyant bien que sa modération,
dans cette journée, seroit une
forte leçon pour Louis XVI, mais

ce monarque, poussé à la vengeance par son implacable épouse,
dénatura les faits et injuria le
peuple de Paris, qui n'avoit fait
qu'une chose légitime.

Lafayette, qui avoit tout préparé, tira parti de cet incident,
pour engager les troupes à marcher sur Paris, pour châtier, di-
soit-il, les factieux qui avoient
osé violer l'asyle du roi; ces factieux étoient désignés les jacobins:
ce prétexte couvroit les grands
desseins de ce général pervers.
S'il eût obtenu de son armée de
marcher vers la capitale, alors il
laissoit la frontière libre aux Prussiens et aux Autrichiens, qui
auroient suivi notre général contre-

révolutionnaire, et l'armée des Français auroit servi d'avant-garde à celles de Frédéric - Guillaume, et de Brunswick.

Les desseins de Lafayette furent heureusement pénétrés, et il ne put gangréner que son état-major; il n'eut pas grande peine, il avoit choisi la tourbe des hommes pour le composer. Le roi, qui vit que son projet étoit encore manqué, voulut frapper un nouveau coup; il fit destituer le maire de Paris (Pétion) par le département, l'accusant de n'avoir point donné, dans la journée du 20, les ordres nécessaires pour faire tirer sur le peuple aux Tuileries, et n'avoir point, par ce moyen, allumer la guerre civile , qu'on desiroit avec tant d'ardeur. Le roi sanctionna cet arrêté ; et Pétion fut suspendu.

Le peuple fut sur le point de se fâcher , mais il retint son courroux ; il attendit la décision du corps législatif, qui remit dans ses fonctions ce magistrat honnête-homme. Le roi dissimula ; il fit fermer exactement les portes de son château , et n'admettoit plus que ceux dont il connoissoit les intentions perverses. Cette conduite peignoit au vrai ses desseins, et fit faire au peuple de sérieuses réflexions. Un détail controuvé des évènemens du vingt juin , qui fut imprimé et placardé avec profusion

fusion sur les murs de la capitale, et envoyé aux armées, rendit les citoyens plus surveillans : l'on s'attendoit de jour en jour à quelque grand évènement, il étoit annoncé par le parti aristocratique qui, rayonnant de joie, chantoit d'avance sa victoire et ne déguisoit plus ses véritables intentions.

Lafayette, qui croyoit ne pouvoir plus se contraindre, leva le masque; il vint à Paris, et d'un ton de dictateur menaça l'assemblée nationale jusque dans son sein ; cette conduite Cromwelliste fut approuvée de la majorité du corps législatif, qui étoit vendue au parti contre-révolutionnaire. Le

Tome III, IVe. Partie. G

général , après cet attentat à la
souveraineté du peuple , alla jouir
de son triomphe dans l'antre téné-
breux des Tuileries. La messaline Autrichienne lui paya sa
course imprudente , par un entretien secret , qui , sous le prétexte de l'intérêt du roi , fut
l'heure indiquée par l'amour aux
amans heureux.

Blondinet , comblé des faveurs
d'Antoinette , et chargé de l'exécration du peuple , regagna les
drapeaux qu'il déshonoroit. Il
étoit sûr de son état-major , et il
croyoit l'être aussi de son armée
entière. Longwy , Verdun , étoient
à sa dévotion , et il ne voyoit aucun
obstacle qui pût l'arrêter dans sa

course contre - révolutionnaire.
L'orgueil, dont sa tête étoit remplie, ne lui faisoit voir le peuple
de Paris que comme une tourbe
facile à dissiper. Le 12 d'août étoit
indiqué pour opérer ce grand
changement. Les législateurs patriotes ne pouvoient rien, ils
formoient la minorité. L'or de la
liste civile avoit acheté les lâches,
qui préféroient les avantages de
la fortune à la prospérité publique.

Louis le traître voyoit avec
joie s'approcher ce jour fatal,
qui devoit si bien servir sa vengeance et celle de sa femme. Il
avoit transformé sa maison en
château fort. Il avoit appelé près
de lui tous ceux qu'il connoissoit

G 2

être les ennemis du peuple : de ce nombre furent les Suisses. Cette nation , habituée de vendre ses hommes comme on vend des bestiaux , ne connoît d'autre mobile que celui de l'or , aussi la garnison suisse étoit-elle payée en numéraire, dont elle tiroit avantage ; mais qu'elle a payé cher cette préférence ! . . .

L'état-major de ces troupes étoient sans discontinuer au château ; il régloit avec le conseil assassin du roi les mesures à prendre , afin de ne point épargner le peuple de Paris. Le jeune d'Affri paroissoit , sur-tout, un zélé serviteur d'Antoinette. Au conseil il prêtoit son appui au

roi, et dans l'ombre autre chose
à la reine ; car nous devons re-
marquer que tous ces projets de
vengeance et de sang , ont été ci-
mentés par les faveurs de l'amour.
d'Affri succéda à Lafayette, et
goûta le plaisir d'être préféré à
un monarque ; le boudoir du bord
de l'eau fut visité aussi par lui,
et l'amour reçut ses sacrifices dans
cet endroit enchanteur. Si Antoinette n'eût joint à cette ardeur
lubriques les plus horribles forfaits , la narration de sa vie ne
seroit qu'un roman voluptueux,
qui feroit sourire l'indifférence
même. Mais ces forfaits sont unis si
fortement à ces intrigues galantes,
que nous n'avons pu les séparer.

G 3

Comme nous avons dit, la
journée du douze août étoit indiquée, et les préparatifs se faisoient vivement. La cour croyoit
bien qu'elle n'avoit point à se
déguiser ; on lui avoit promis
une victoire assurée. Sa haine
pour le maire de Paris fut une
des causes de sa perte. Le soir du
neuf août le roi manda Pétion,
qui se rendit à l'invitation. Le
signal étoit convenu pour minuit,
et ce bon patriote devoit être
égorgé ; de suite les brigans se
seroient répandus dans Paris, et
auroient fait un horrible carnage.
L'assemblée nationale étoit ins-
truite des mouvemens qui se fe-
soient, et ne voulant point laisser

plns long-temps exposé le maire
de Paris, le somma, par un décret, de se rendre à sa barre,
pour y rendre compte de l'état de
la capitale. Les patriotes, par ce
moyen, le retirèrent des griffes
des tigres, qui ne virent pas,
sans douleur, échapper leur
proie; mais ils comptoit bien l'im-
moler dans le massacre général,
et dans les proscriptions sanglantes
des patriotes.

Après que le maire se fut rendu
au corps législatif, l'on vit le
château dans une agitation vio-
lente. Le roi ne se coucha point,
et son air gai présageoit à ses es-
claves une victoire certaine. L'instant fatal arriva; les faubourgs

armés vinrent au château , pré-
cédés des fédérés Marseillois.
Parvenus à la grande cour, les
Suisses , pour les assassiner plus
sûrement , leur firent des démons-
trations de joie et de fraternité ;
alors le soupçon d'une odieuse
perfidie n'entra point dans l'ame
de ces braves gens ; ils s'avan-
cèrent, et tandis qu'ils croyoient
embrasser des hommes et des
frères , ils n'embrassoient que des
assassins , qui leur portèrent des
coups assurés. Tous les endroits
du château étoient remplis de ces
hommes de sang , qui faisoient
pleuvoir la mort et répandoient
l'effroi. Les premiers mouvemens
furent en leur faveur, mais lorsque

Mar e la Peurlestinra una Gue

le peuple fut revenu de l'étonnement de cette perfidie, alors
il livra une guerre à outrance à
ces farouches soldats, qui furent
bientôt les victimes de leur trahison.

Le roi, avec toute sa famille,
fut se réfugier dans le sein de
l'assemblée nationale; il y porta
encore ce ton d'orgueil qui peint
les despotes; il parla des crimes
du peuple, tandis que lui seul les
commettoit. L'on fit au château
un siége dans les formes, et il
céda bientôt aux efforts des as-
siégeans. Ce coup fut le dernier
porté à l'aristocratie, et la cour
vit ces projets, médités depuis
quatre ans, avortés et perdus dans

l'espace de trois ou quatre heures.
Le peuple se saisit d'une partie
des conspirateurs, qui allèrent
sur l'échafaud payer la peine due
à leurs crimes. Pour le roi, il fut
mis sous la garde de la munici-
palité, qui le fit conduire au
Temple. L'assemblée nationale
porta le décret de suspension
contre lui, et nomma un conseil
exécutif, composé de six ministres. De plus, elle convoqua
une convention nationale pour
statuer sur le sort du roi, et pour
s'occuper d'une autre constitution, plus conforme aux intérêts
du peuple.

Ces grandes mesures effrayèrent
les traîtres : Lafayette alors joua

le Roi se rendit avec sa Famille
à l'Assemblée Nationale . . . . . P. 9

ses derniers ressorts pour égarer
son armée ; mais voyant qu'il
avoit compté, trop légèrement,
sur des Français, il prit le seul
parti qui lui restoit, la fuite. Il
émigra avec son état-major, et
emporta trois millions.

La fuite de Lafayette laissa
pour quelque temps son armée
sans chef. Les prussiens avan-
cèrent, prirent Longwy, qui leur
tendoit les bras, et passèrent à
Verdun, que des traîtres leur
vendirent. Ce fut dans cette ville
où l'illustre Beaurepaire sacrifia
à la liberté une vie irréprochable :
cet intrépide commandant regar-
doit venir l'ennemi sans crainte ;
il avoit cru qu'il seroit secondé

par la garnison et les bourgeois,
et alors les Prussiens auroient été
obligés de fuir; mais quel fut son
étonnement lorsqu'il vit par-tout
des trahisons, et lorsq'il entendit
le peuple demander la reddition
de la ville ! Son ame, abreuvée
de douleur, ne put soutenir le
spectacle déchirant de voir les
ennemis maître de cette cité.
Lorsqu'on lui présenta la capi-
tulation pour la signer, ses mains
généreuses s'y refusèrent, et à la
vue de l'officier prussien il se
brûla la cervelle.

Ce trait sublime doit servir en
tout temps de leçons aux Français, et de remord à ceux qui
l'ont provoqué par leur odieuse
trahison.

trahison. Le roi, relégué au
Temple, n'en parut point affligé ;
la reine, seule, fut plus affectée,
et chercha à se consoler de tant
de revers, par quelques momens
de lubricité ; Lafayette n'étoit plus
là pour lui faire partager sa flame ;
il ne lui restoit que des femmes :
elle passa encore quelques momens heureux dans leurs bras.
Tandis qu'on travailloit aux lo-
gemens de la tour, on les laissa
dans le pavillon. La reine avoit
ses bonnes amies logées tout auprès d'elle ; elle en profita, et
leurs mains légères carressoient
avec graces et dextérité, ce réduit
aimable, où tant de héros logèrent
l'arbre de vie. La reine, pendant

Tom. III, IVᵉ. Partie. H

ce temps , appliquoit sur sa gorge
brûlante le portrait du trop sé-
duisant d'Artois. Quelques sou-
pirs amoureux , lancés dans le
fort de la passion , décélèrent cette
scène aux gardes , qui étoient de
faction dans la pièce voisine , qui
n'étoit séparée que par une cloi-
son ; ils trouvèrent justement une
fente qui les favorisa : ils apper-
çurent, très - distinctement , tous
les mouvemens de la ci - devant
reine de France. Madame Tourzel,
couchée sur le lit avec elle , lui
donnoit sa gorge à carresser , tandis
que son petit doigt agitoit fortement le bouton d'un des tetons
de la reine. La princesse Lamballe
se tenoit aux pieds du lit , et de

la main droite fourageoit le buis‑
son de Vénus, qui s'humectoit
souvent d'une douce sérosité. Sa
main gauche frappoit avec ména‑
gement et cadence une des fesses
royales, ce qui faisoit faire à la
reine les mouvemens convulsifs
qui la trahirent. Les gardes
n'eurent point envie de troubler
un si joli trio, et prêtèrent une
attention scrupuleuse à tout ce
qui se passoit. Ils virent la
princesse Lamballe tirer de sa
poche une espèce de godemiché,
qu'elle s'appliqua à cette partie
qui fait nos délices. Un large
ruban lui attachoit; il passoit avec
grace sur le contour de ses reins.
Madame Tourzel lui fit une re‑

sette, positivement à la chûte des
hanches. Le vif incarnat de ce
ruban contrastoit merveilleu-
sement avec la blancheur de sa
peau. Tourzel, à son tour, s'en
fit passer un de même.

Les observateurs remarquèrent
que ses engins, postiches, étoient
garnis en velours cramoisi. Les
deux combattantes se défirent des
hardes qui les gênoient, et rien
alors ne fut caché aux yeux des
factionnaires, qui faisoient des
vœux pour qu'on ne les relevât
point de leur poste.

Dans cette équipage, les deux
femmes montèrent sur le lit;
Antoinette les saisit toutes deux,
et les enlaça de ses deux bras.

Mille baisers préludèrent à cette scéne, digne de la fille de Marie-Thérèse, et ces trois femmes, à moitié ivres de plaisir, commencèrent le sacrifice dont elle ne pouvoit que faire le simulacre. Lamballe se coucha dessous, et l'instrument, dont elle étoit armée, fut destiné à se frayer un passage entre les fesses autrichienne, tandis que Tourzel fit entrer le sien dans le détour obscur des bois de Cithérée. La reine, ainsi entre deux feux, se représentoit être servie par d'Artois et Lafayette. Sa langue amoureuse et brûlante cherchoit à se rafraîchir sur le corail des lèvres de sa bonne amie. La volupté s'empara de ces

H 3

trois graces, et nos curieux les
virent s'agiter sans ordre, sans
mesure, et tomber dans ce doux
abattement, qui annonce la fin
du sacrifice. Elles parurent être
sans connoissance pendant quelques momens.

Le membre postiche contrastoit
pittoresquement, par sa couleur,
avec l'ébène du poil de nos
championnes, et le ruban, couleur
cérise, prêtoit de nouveaux agré-
mens aux contours, gracieusemens
dessinés, de nos modernes Vénus.

La reine, les jambes élevées,
découvroit aux regards de nos
curieux, les endroits enchanteurs
qui avoient reçu tant d'hommages.
Une jupe rose, nuancée agréa-

blement par une autre de linon,
composoit le plus joli tableau. Les
deux autres femmes, nues et
jetées mollement et avec abandon
près d'Antoinette, étoient en partie cachées par les plis ondoyans
des ajustemens de la reine.

L'heure vint où l'on releva les
factionnaires, qui s'entretinrent
long-temps de la scène dont ils
avoient été les témoins.

Si les femmes qui accompa-
gnoient la reine n'eussent servis
que ses desirs lubriques, elles
n'auroient point éprouvés le sort
affreux qui leur fut réservé; mais
une fois la passion de la reine
pour l'amour satisfaite, elle se
livroit à l'idée de ses vengeances,

et ces femmes flattoient ses desirs.
L'on découvrit une nouvelle
correspondance; mesdames Lamballe et Tourzel furent arrêtées
et mises à l'hôtel de la Force (1).

Du fond de la tour Louis XVI
conspiroit encore; ses agens étoient
parvenus à former une ligue puis-
sante, en armant tous les scélé-
rats renfermés dans les prisons.
Ils devoient, à jour nommé, se
répandre dans Paris, et délivrer
le roi, en assassinant le paisible
citoyen à l'heure de son sommeil; mais cette trahison, comme
toutes les autres, fut éventée,

---

(1) Tout le monde connoît la fin tra-
gique de madame Lamballe

et le peuple , déjà aigri par la reddition de Longwy et les succès des ennemis sur Verdun , succès qu'ils ne devoient qu'aux trahisons, se porta en foule aux prisons , en tira les détenus , et massacra ceux d'entre eux qui furent convaincus de crime : trois à quatre mille brigands furent immolés.

Lafayette , qui avoit fui la France , fut arrêté lui-même dans le pays ennemi, où il est encore renfermé , avec ses coupables officiers. Des généraux patriotes furent nommés pour commander nos armées, qui marchèrent à la gloire. Au moment où nous écrivons , le général Dumourier à

forcé cette armée insolente de
Prussiens, commandée par Frédéric Guillaume et Brunswick, à
évacuer le territoire de la République. Cette armée formidable,
qui devoit faire la conquête de
la France, s'en retourne dans
ses foyers avec une perte des deux
tiers d'hommes, et avec la honte
qui couvre son entreprise. Nos
armées, au contraire, ont porté
leurs pas victorieux dans la
Savoie, qu'elles ont délivrée du
joug du roi de Sardaigne. Elles
entrent dans ce moment dans le
Piémont, les Électorats, et se
préparent de nouveaux succès,
qui forceront les tyrans de l'Europe à baisser le front devant la
liberté des peuples.

Aussi tôt que la convention
nationale fut nommée, elle siége
dans la salle de l'assemblée législa-
lative, qui fut dissoute. Le premier décret de ce corps constituant fut un bienfait pour l'humanité ; il déclara que la royauté
étoit abolie en France, et qu'on
feroit le procès au roi et à ses
perfides conseillers. L'on ôta
à cet homme cruel toutes les
marques de son pouvoir, et
lorsqu'on apprit les scènes scan-
daleuses qui se passoient encore
dans l'intérieur de la prison de ces
grands coupables, l'on les sé-
para, et Antoinette n'eut plus
d'autre ressource, pour assouvir
sa passion, que celle de ses doigts.

Nous ne doutons point que dans l'asyle sombre, que lui offre son alcove, elle ne fasse encore quelques légers sacrifices à l'amour, étant réduite à ce seul expédient. Pour son mari, il joue la philosophie; il ne boit plus, il traduit, tant bien que mal, les auteurs latins, et recommence son éducation, pour, sans doute, si la nation lui fait grace, avoir la même ressource qu'eut Denis, tyran de Syracuse, qui se fit maître d'école en descendant du trôn

Louis se fit apporter une ample provision de livres, et s'est réservé le soin de les classer et d'en former sa bibliothèque; on lui

lui communique aussi le journal du soir, dans lequel il trouve, par fois, des articles qui doivent le résigner à tout ce qui peut lui arriver de fâcheux ; il ne paroît point s'affecter vivement, et l'espérance ne paroît point être bannie encore de son cœur. Pour la reine, le dépit, l'amour la consume, et elle paroît vivement regretter les bosquets de Versailles et le boudoir des Tuileries.

Lorsque nous avons pris la plume pour écrire sa vie scandaleuse et libertine, nous ne pensions pas qu'un jour nous serions forcé, pour terminer cet ouvrage, de tracer des faits qui n'appartiennent qu'à l'histoire raisonnée du pays ;

*Tome III, IV*e. *partie.* I

mais l'influence qu'eut Marie-
Antoinette dans la révolution qui
vient de s'opérer et de changer
le gouvernement de la France,
nous a déterminé de donner une
esquisse rapide, mais vraie, de
cette commotion subite. Nous
laissons à l'historien le soin de
recueillir les détails de cette révolution incroyable. Nous ter-
minerons ce volume par un re-
cueil de lettres curieuses, rassem-
blées dans un petit porte-feuille
verd, appartenant à la reine, et
trouvé dans la journée du dix août,
dans les appartemens des Tuileries. Elles sont copiées fidellement
sur les originaux, déposés dans un
lieu sûr.

Nous avons promis la vie libertine et scandaleuse de Marie-Antoinette ; notre tâche est remplie par la fin de son existence politique. Tant qu'elle a été sur le trône , ses moindres actions étoient utiles à recueillir ; aujourd'hui qu'elle n'est plus rien , et qu'elle ne peut plus donner carrière à son humeur libertine , que nous importe la vie monotone d'une prisonnière , qui ne peut que former de vains projets , qui sont détruits aussi-tôt que conçus ? Ce qui nous intéresse le plus , c'est l'attitude fière que prend la République Française , c'est la terreur panique qu'elle cause aux des potes couronnés , qui cherchent

encore à déguiser les craintes qui
les agitent. Des publicistes re-
cueillent, pour l'honneur de
notre nation, les traits hardis
dont l'histoire de notre siècle
sera remplie, et qui doivent faire
un jour l'admiration de nos neveux, et leur assurer un bonheur
qu'ils auroient cherché vainement
sous le règne des tyrans.

LETTRES trouvées dans un petit porte-feuille verd, renfermé dans un compartiment secret du bureau de la reine.

Cette lettre est écrite au cardinal de Rohan, avant l'affaire du collier.

Mon cher esclave (1), tes sollicitudes amoureuses m'ont hier fait perdre la tête. Enivrée de la douce rosée que tu répandis sur ta souveraine à longs flots, elle

_____

(1) L'on sait que c'étoit l'épithète donnée par la reine à ce héros ecclésias-tique.

I 3

s'abandonna trop à la passion que
tu lui inspiras , et mon époux fut
sur le point de me surprendre
dans le désordre où tu me laissas.
Quelle indiscrétion de m'aban-
donner ainsi , avant que mes sens
ne soient entièrement revenus du
délire enchanteur d'un amour
violent ! Plus donc de ces oublis ,
qui compromettent mon repos et
ta félicité. Viens ce soir me dé-
mander excuse de ce brusque départ ; viens me le demander avec
cette soumission d'un esclave ,
qui fait tout pour calmer et appai-
ser son maître irrité. Tu sais avec
quelles armes l'on vient à bout de
m'attendrir ! Je compte qu'elles
seront victorieuses , et je suis, en

attendant tes moyens de défense,
ta souveraine et ta reine.... etc...

Réponse à ce billet.

O ma souveraine ! ô ma bien
aimée ! J'ai besoin de toute votre
indulgence pour pardonner mes
étourderies ; mais elles sont bien
excusables, elles proviennent d'un
amour qui n'eût point son égal.
En vérité l'excès de vos faveurs
me fait tourner la cervelle ; souvent tout le jour, l'ame occupée
du bonheur qui m'attend dans
vos bras, j'éprouve une palpi-
tation continuelle, qui me coupe
l'usage de la parole. La nature
cède à l'amour, et quelque chose
en moi veut me faire devancer
l'heure du rendez-vous ; je ne

suis occupé qu'à contenir ce quelque chose, qui fait toute ma
joie lorsqu'il peut vous être
agréable. Dans ce moment où je
m'entretiens de vous, il me sert
de pupître, et mes tableties,
agitées par sa vacillation redou-
blée, ne me laissent point la
faculté de peindre, en beaux ca-
ractères, les sentimens dont je
suis animé. Pardonnez à mon
gribouillage, et grondez bien fort
ce soir celui qui en est la cause....

Votre docile esclave.

Autre billet au même.

Ton gribouillage, cher esclave,
me plaît, et jamais je n'ai rien
lu qui me fit tant de plaisir : l'a-

mour étoit mon secrétaire, et
m'aidoit à déchiffrer ce qu'il avoit
lui-même prit plaisir à embrouil-
ler. Ce désordre dans tes lignes
me peignoit, au vrai, la forte
agitation de ce quelque chose que
tu me recommandes de gronder !..
Je n'en ferai rien, et le triomphe
l'attend.

Je n'ai plus qu'une heure, et
je l'employe à penser aux moyens
de nous procurer de nouveaux
plaisirs, et à bien régaler ce petit
mutin, qu'à peine nous pouvons
contenir; je le logerai tant à l'é-
troit, qu'il faudra bien qu'il aille
droit son chemin. Adieu, je suis
aussi folle que toi, et ce n'est pas
peu dire.....

Au même.

Ton admission au cardinalat,
je vois bien, t'a donné le goût
romain. Tu m'as ouvert une nouvelle route au plaisirs, et nous la
fréquenterons quelquefois. Je suis
comme le bon la Fontaine : *diver-*
sité est ma devise, je me plais à
changer, et je trouve que la nature n'a pas assez varié ses moyens
enchanteurs ; ils ne balancent pas
assez l'abondante mesure des
peines qu'elle a répandues sur
nous........ Mais comment me
trouves-tu ? à mon âge philoso-
pher ! O ! rejetons loin de nous
ces idées attrabilaires, qui ne
peuvent plaire qu'à ceux que la
nature a blasés. Jouissons, mon

ami, du temps présent et de nos
avantages , sans nous occuper de
l'avenir. N'oublies pas la promesse que tu m'as faite de venir
troubler, agréablement , ma so-
litude dans le bosquet écarté, où
ton amour me fit tant éprouver de
plaisir. Campan veillera sur nous ,
et Adélaïde , de son côté , nous
assurera un tête-à-tête , duquel je
me promets une source abondante
de plaisir. Prends bien tes dimen-
sions pour me joindre secrètement ;
je m'occuperai en t'attendant à te
faire une couronne des plus belles
roses de ce petit réduit. Cette
couronne , formée de mes mains ,
ne peut t'être accordée que par

l'amour : c'est à lui à décider la victoire.

Au Comte d'Artois.

Écervellé, imprudent, téméraire, je ne trouve point de termes pour te peindre ma colère. Comment, sans respect pour l'amitié fraternel, tu m'as f...... jusque sur le lit de mon époux !.......
Mais, mais, voilà de ces choses qui ne peuvent être faites que par toi. Tout autre auroit cherché à excuser ce moment de délire par des mouvemens tempérés, mais toi, bien au contraire, ton audace s'est accrue ; tu m'as poussé si vigoureusement que j'ai perdu l'usage de la parole, et que je n'ai

n'ai pu te résister, comme mon devoir me l'ordonnoit. Malgré mon trouble, mon embarras, j'ai bien senti que tu allois loin, et pour cette fois je crois que tu te punis toi-même, car, à coup sûr, il te viendra un neveu de cette aventure; c'est alors que je rirai de ton imprudence : *mal y veut, mal y tourne*, dit un ancien proverbe. Si mon mari ne peut me rien faire, est-ce à toi de le suppléer ? Déjà j'ai eu occasion de te gourmander pour une imprudence, pas tout-à-fait si forte que celle-ci, mais qui n'en étoit pas moins imprudence; dans ma loge à l'opéra, oser glisser une main libertine, et pénétrer dans le

sanctuaire de Vénus!.... Je
t'avois pardonnée cette petite
étourderie, mais pour celle
d'hier je ne puis la passer si légèrement. J'exige que trois fois
tu fasses réparation à l'endroit
outragé, et cela pas plus tard
que ce soir, derrière l'allée des
tilleuls. Voilà comme j'aime à
me venger d'un audacieux, dont
les coups redoublés jettent l'a-
larme dans tout le pays de Cipris.

Réponse à la précédente.

Ton courroux, ma petite sœur,
est fort plaisant, et tu me fais
de ces reproches qui valent mieux
que des complimens; j'admire ton
adresse à m'inviter de faire in-
fidélité à l'union conjugale; ce

soir, sous l'allée des tilleuls, je
te prouverai que je suis homme
d'honneur, et que je ne refuse
pas un cartel proposé par toi. Tu
exiges de moi trois excuses à l'endroit outragé !..... Ma soumission est si grande que je lui en
promets six, et je tiendrai ma
promesse.

A propos, ma femme se doute
de quelque chose, soyons plus
réservés à l'avenir, car je ne voudrois point gager qu'elle ne nous
fit une scène avec mon frère....
A ce soir, j'achèverai le petit
neveu dont tu me menaces. J'aime
mieux perdre l'espoir d'une couronne, que de me priver des
plaisirs que l'on goûte avec toi.

Je te baise un million de fois, et
j'attends, avec l'impatience d'un
amour extrême, l'heure du ber-
ger...... Adieu, adieu; à ce
soir.....

Toujours au Comte d'Artois.

Tu avois bien deviné sur la
jalousie de ta femme, elle m'a
touché hier quelque chose de
notre intelligence. J'ai fait la
sourde oreille, et n'ai point paru
comprendre. Notre station, dans
l'allée des tilleuls, nous a vendus;
elle a été trop longue, et tu
m'as mis dans un état, en vérité,
qu'il ne falloit pas être sorcier
pour deviner ce qui venoit de se
passer. Heureusement que j'avois
eu la précaution de faire boire

abondamment mon époux. Cependant, je crus qu'il seroit à-
propos de lui faire tenter de jouir
des plaisirs conjugaux, car rien
ne m'ôtera dans l'idée que je
pourrois devenir enceinte, et il
est utile de lui faire croire un
miracle, qu'il ne peut opérer.
Quelques agaceries lui firent connoître une partie de mes intentions ; il entreprit, pour lui, ce
rude ouvrage ; je mis tout en
œuvre pour faire parler l'amour,
il resta muet. Cependant j'intro-
duisis dans le temple sacré de
Vénus son flasque priape ; je sais
que j'outrageai les amours, mais
la circonstance l'exigeoit. Enfin,
avec tout mon art, je parvins à

lui montrer l'étincèle du plaisir ;
et je fis semblant d'en prendre
moi-même, et beaucoup; je me
pamai, je portai ses mains sur
ma gorge , encore brûlante de
tes feux : voilà le seul attouche-
ment qui me fit sensation. J'avois
beau serrer étroitement mon pri-
sonnier, je ne le sentois qu'en
imagination , et ton souvenir ne
contribua pas de peu à me donner
encore quelque plaisir.

Mon époux enchanté, crut
avoir fait merveille , et je lui dis :
pour cette fois nous avons un
héritier; il ne se posséda pas
d'aise , et il instruisit, ce matin ,
tout le monde de sa victoire. Tu
vois qu'il est essentiel de ne pas

me faire promettre équivoquement, mais je ne veux plus que tu t'hasardes dans les bosquets , tu n'est pas assez prudent , et malgré le vif plaisir que j'ai de fouler les roses ; je ne m'y exposerai plus avec toi.

J'ai parlé à la Montansier qui me fait préparer un boudoir , dont tu auras l'étrenne. Adieu , songe à notre héritier de commande.

Lettre du cardinal de Rohan.

Le très-humble esclave a-t-il donc perdu les bonnes graces de sa souveraine ? et par quel crime a-t-il pu les perdre, O vous qui êtes l'essence de ma vie, instruisez-moi par quels moyens je puis rentrer en faveurs auprès de vous , et

qui a pu vous faire dédaigner mes
feux ? Je me suis adressé à Campan plusieurs fois pour savoir s'il
n'auroit pas quelques bonnes nouvelles à m'apprendre : il m'a dé-
solé par son silence. Expliquez-
vous, je vous prie, à cet égard,
si vous ne voulez pas apprendre
la mort du malheureux, qui ne
peut vivre sans ses chaînes.

Réponse à la précédente.

En vérité, cher esclave, ton
épître vaut une élégie de d'Ar-
naud, elle m'a fait rire. Tu de-
mandes ton crime, il est dans ma
légéreté. Un autre amour m'a,
pour quelques instans, distrait du
tien ; ne m'en veux pas pour cela,

je suis bonne , et ne puis résister au plaisir de soulager ceux qui me disent, ave bonne-foi, qu'ils souffrent pour moi. Mais pour cela je ne t'ai point oublié, et pour t'en donner des preuves, trouves-toi ce soir sous le grand oranger que tu connois si bien. Mais n'y viens pas avec cet air rembruni qui règne dans ton glacial billet; rappelles près de toi les ris et les jeux , et nous les unirons aux graces d'un rendez-vous amoureux.

Lettre du cardinal.

Graces , graces vous soient mille fois rendues , ma souveraine , pour avoir traité votre humble esclave beaucoup mieux qu'il ne mérite.

Vous m'avez bien récompensé de
quelques momens de privation,
et je ne sais , en vérité, où votre
esprit ingénieux peut trouver les
ressources inépuisables de volupté;
c'est tous les jours de nouvelles
imaginations , et l'Arétin , ce
fameux sectateur de l'amour , ne
fut qu'un ignorant près de vous.
Votre génie fertile vous produit
de nouvelles jouissances ; c'est à
vous à faire le code de l'amour : l'on
le croiroit dicté par ce dieu même.

Quelle grace dans les attitudes !
quels mouvemens légers et arrondis ! Comme cela va bien
chercher le plaisir jusque dans ses
plus profonds réduits ! Toute la
nature se dilate, il n'est point de

partie qui ne prenne part à ces
douces jouissances...... L'idée
encore de ces tableaux, que je
voudrois pouvoir peindre en traits
de feux, me met hors de moi.....
Ah !.... je ne..... puis retenir
la nature..... Elle s'épanche....
elle m'échappe..... Ah !......
Ah.!... ma plume tombe de ma
main.......

Réponse à la précédente.

Le désordre de ta lettre, cher
esclave, m'a fait hier partager ton
plaisir, et je n'ai point voulu que
rien soit perdu pour moi. Sans
m'arrêter aux complimens, dont
tu partages la moitié, je me suis
représenté les momens délicieux
que nous passâmes ensemble, et

m'en suis fait faire une répétition,
informe il est vrai, par mon
massif époux ; tu penses bien que
l'imagination a tout fait, mais je
n'ai pas laissé que de prendre du
plaisir, dont tu fus l'objet. Eh
bien ; ces graces, dont l'idée seule
te fait échapper la nature, ne
peuvent en réalité produire un
demi succès au premier homme de
france ! O nature que tu es bi-
zare !...... Après une légère
épreuve il ronfla royalement, et
me laissa plus animée qu'avant.
J'achevai l'ouvrage qu'il avoit
si mal commencé, et..... mais
de la discrétion, la peinture de
ce tableau te feroit peut-être re-
tomber dans tes extases, et j'aime
mieux

mieux que tu conserves pour
d'autres momens ces doux présens
de l'amour, il doit seul en disposer l'usage. Campan te dira le
moment où ta souveraine te rendra
au bonheur.

Au Marquis de Champcenetz.

J'ai reçu, marquis, vos vœux
quoiqu'un peu téméraires ; mais
je suis bonne. Confiez - vous à
Denise, elle vous introduira dans
un endroit où nous pourrons nous
expliquer sans crainte.

Lettre du Comte d'Artois.

Qu'as-tu donc, ma toute belle?
tu me boudes ; mais en vérité cela
n'est pas bien. J'ai hier crevé un
cheval tout exprès pour revenir

Tome III, IV.e. Partie. L

de Paris , et me rendre près de
toi à l'heure accoutumée , et j'ap-
pris que tu ne vîns point à notre
rendez-vous ; oh je suis piqué , et
très-piqué ! D'Orléans vouloit que
nous allassions à l'opéra ; j'a
refusé tout net pour toi , puis tu
me fais croquer le marmot ; j
suis fâché , te dis-je , et très
fâché. Campan peut te dire com
bien j'ai juré après toi.

Au Comte d'Artois , en réponse
à la précédente.

Vous êtes fâché , fort bien. Q
de nous deux a droit de l'être
Après que vous me donnez po
rivale l'imbécile du T... Ne voi
t - il pas de belles amours

Elles sont dignes de votre légè-
reté : je ne veux plus vous voir.

Réponse.

Oh, oh, de la jalousie, ma
chère belle-sœur, qui diable s'y
seroit attendu ! Va, va, passons-
nous mutuellement nos petites infidélités ; je ne te parle point moi
de Rohan, de Champcenetz, de
Dillon, de etc.... etc...., et
trente pages, d'etcetera. Ce n'est
pas pour des gens de notre sorte
que sont faits les reproches. Songe
que la vie est courte, et qu'il faut
en jouir. Laisse-moi carte blanche,
et je te promets, à mon tour, de
ne jamais te contrarier sur tes
goûts. J'ai un livre nouveau rempli de jolies gravures, qu'il faut

L 2

que je te fasse voir. Mais ce sont
des amans heureux , et l'on ne
peut s'entretenir avec eux qu'en
partageant le même bonheur.

Réponse.

Volage aimable , on ne peut
rien te refuser. Allons , ne parlons
plus de nos torts , et viens nous
faire voir ce livre des amans
heureux ; s'il contient quelques
jouissances qui ayent échappé à
notre sagacité , nous nous empres
serons d'en faire l'épreuve.

Denise t'indiquera le nouve
endroit que j'ai découvert dans
nos bosquets : il est charmant
nous l'étrennerons ce soir. Adieu..
Sur-tout point de reproches.

Au comte d'Artois.

Eh bien! trop cruel homme,
je te l'avois bien dit, j'en tiens
pour mes neuf mois, voilà de tes
étourderies. Pense - tu que le
public prendra le change sur cet
évènement? L'on ne croit plus
au miracle , et le seul homme in-
téressé à soupçonner la fourbe ,
et celui qui y voit le moins clair.
Si tu avois vu hier mon époux ,
sautillant de joie dans ses appartemens , il t'auroit fort amusé ;
il se crut en droit, d'après ce
triomphe , de tenter de nouveaux
plaisirs, et quel fut mon étonnement lorsque je vis sa main
chercher à caresser mon sein ; je
ne lui fis aucune résistance , et
il poussa la hardiesse jusqu'à me

renverser en désordre sur un sopha.

· Je crus que la nature avoit fait
en lui quelque prodige ; mais,
hélas ! il ne me présenta qu'un
hideux gage de son amour. J'em-
ployai toutes les ressources dont
tu me connois capable, rien, ab-
solument rien, ne m'annonça l'espoir d'en venir à mon honneur.
Il fut obligé de se contenter d'un
chatouillement mannuéliste qui me
fit, je te l'avoue, quelques sen-
sations ; il alluma des feux qu'il
t'est réservé d'éteindre. Viens ce
soir, ne t'engage pour aucune
autre partie : je t'attendrai.

L'on ne trouva plus dans ce porte-
feuille que des billets peu intéressans,
et des notes de marchandes de modes.

F I N.

79

www.ingramcontent.com/pod-product-compliance
Lightning Source LLC
Chambersburg PA
CBHW050026100426
42739CB00011B/2797